AF242174

LA CATASTROPHE

DE L'EX-ROI DE NAPLES,

JOACHIM MURAT.

EXTRAIT

DES MÉMOIRES

DU GÉNÉRAL COLLETTA,

MINISTRE DE LA GUERRE DU ROYAUME DE NAPLES,

SOUS LE GOUVERNEMENT CONSTITUTIONNEL.

TRADUIT

Par Léonard Gallois.

« La tragédie du duc d'Enghien, que le roi Ferdinand
« paraît vouloir venger par une autre tragédie semblable,
« me fut étrangère ; j'en atteste en témoignage ce Dieu
« qui doit me juger. »

MURAT, au moment d'être fusillé. (Pag. 76.)

Deuxième Édition.

PARIS,

CHEZ **PONTHIEU**, Libraire, au Palais royal, galerie
de bois, n° 252.

1825.

IMPRIMERIE DE GUIRAUDET, RUE SAINT-HONORE N° 315.

AVIS DU TRADUCTEUR.

Dans le mois de novembre 1821, le général Colletta, alors ministre de la guerre du royaume de Naples, publia, sous le modeste titre de *Pocchi Fatti sù Giacchino Murat* (quelques détails sur Joachim Murat), la relation de tout ce qui était arrivé à ce malheureux prince depuis sa défaite à Tolentino, jusqu'au moment où les cachots du Pizzo furent témoins de son supplice et de l'intrépidité de son âme.

Cette narration produisit à Naples autant d'effet, et fut recherchée avec autant d'avidité que l'est en ce moment à Paris ij

l'*Extrait des mémoires de M. le duc de Rovigo sur la catastrophe du duc d'*En-

*l'Extrait des mémoires de M. le duc de Rovigo sur la catastrophe du duc d'*ENGHIEN.

Murat était Français. Il l'oublia, il est vrai, dans une circonstance bien grave; mais le bandeau royal l'avait aveuglé, et l'on ne pouvait accuser son cœur; aussi les Français, toujours généreux, n'avaient pu apprendre ses malheurs sans lui pardonner un moment d'erreur et de dépit. Ils se rappelèrent que Murat avait long-temps combattu les ennemis de la France; que long-temps il avait partagé la gloire de nos soldats; qu'il fut un de nos plus braves généraux; que l'Italie, l'Egypte, l'Autriche, la Prusse, la Pologne, la Russie et vingt autres contrées le virent alternativement aux premiers rangs de nos vaillans escadrons, le front toujours ceint de lauriers; de pareils souvenirs ne pouvaient s'effacer totalement de leur mémoire. Si Murat fut mort en 1814 avec la couronne des Deux-Siciles sur la tête, son trépas n'aurait été pleuré que par quelques courtisans ; mais Murat fut malheureux, il expia cruellement sa faute, et le récit de sa fin tragique ne pouvait manquer d'intéresser tous ceux qui l'avaient vu sur le champ de bataille ou sur le trône.

Je pensai donc que la traduction de l'ouvrage du général Colletta serait accueillie en France comme l'avait été l'original dans les Deux-Siciles, et je fis imprimer l'*Histoire des six derniers mois de la vie de Murat;* mais la censure existait alors; il lui fut ordonné d'*étouffer* ce livre sous ses éteignoirs, et la relation du général Colletta ne fut point connue en France.

Aujourd'hui que la publication de l'*Extrait des mémoires du duc de Rovigo* vient de rappeler bien des choses qu'il aurait fallu oublier, et reporter la pensée des lecteurs sur des personnages parmi lesquels Murat figure au premier rang, j'ai cru devoir reproduire l'ouvrage du général historien, dont les journaux de l'époque ont vanté la modération et l'impartialité.

Je ne me suis point proposé de faire du scandale, j'ai voulu seulement fournir quelques matériaux à l'histoire de l'époque la plus féconde en grands événemens depuis une longue série de siècles. Je regrette que les personnes désignées dans cette brochure n'y jouent pas toutes un rôle honorable ; mais cela ne dépendait ni du général Colletta, ni de son traducteur.

EXTRAIT
DES MÉMOIRES

DE

M. LE GÉNÉRAL COLLETTA,

SUR

LA CATASTROPHE DE L'EX-ROI DE NAPLES,

JOACHIM MURAT.

La vie d'un homme né dans la classe la plus modeste de la société, et qui, en peu d'années, fut soldat, général, grand-duc, roi, fugitif et supplicié, doit remplir quelques-unes des pages les plus intéressantes de l'histoire, et servir de leçon à plus d'un ambiteux.

L'élévation graduelle de Joachim Murat est connue de tout le monde; mais les particularités qui ont précédé et suivi sa chute du trône, sont encore ignorées. Je les ai réunies avec soin et je les offre au public. Je n'ai point cherché à confondre ensemble les deux périodes de la vie de ce prince. Ce n'est pas de Joachim, roi des Deux-Siciles, ce n'est pas de celui qui fut long-temps l'enfant chéri de la fortune que je vais parler : c'est l'histoire d'un infortuné, ce sont les malheurs qu'il a éprouvés pendant les six derniers mois de sa vie, que je vais essayer de retracer.

Joachim Murat perdit, le 3 mai 1815, la bataille de Tolentino, et avec elle le trône de Naples. Il voulut néanmoins jouer encore le rôle de roi, si difficile dans une semblable position. Voyant sa chute prochaine et inévitable, il vivait de momens, sans plan et sans espérance. Il continuait à commander, il fit même exécuter quelques actes de vigueur ; mais c'était plutôt par habitude que par le sentiment de sa puissance.

Murat, en se détachant du trône, conserva toute sa sérénité et toute sa jovialité. Sa vie domestique fut la même que dans ses momens prospères : il n'était ému que lorsqu'il parlait de quelques individus de l'armée auxquels il attribuait les malheurs de la funeste campagne qu'il venait de faire. Il arriva à Naples le 18 mai au soir, et la nouvelle en fut aussitôt répandue dans la ville. Presque tous les courtisans se présentèrent au palais; il les reçut avec calme et dignité : jamais il ne fut plus roi qu'au moment où il allait cesser de l'être.

Le lendemain matin il se décida à traiter avec le vainqueur, afin de faire cesser l'effusion du sang. Il désigna ses négociateurs.

Il passa le reste de la journée dans l'intérieur de sa famille, et n'y admit que ses plus intimes confidens. Il manifesta à l'un d'eux l'intention de se retirer à Gaëte, et de défendre cette place jusqu'à la dernière extrémité; mais on lui représenta « que le royaume de Naples n'était que « sa patrie adoptive; que sa véritable patrie « était la France, et qu'il devait aller combat- « tre pour elle, puisque tous les liens de l'adop- « tion venaient d'être brisés par l'irrésistible « force des événemens. » Murat ne voulait point suivre ce conseil; il résista long-temps aux prières de ses amis, et ce fut malgré lui qu'il ordonna son départ pour le jour suivant. Avant de quitter ceux qui lui avaient été attachés, il leur fit des dons considérables ; il fut aussi généreux, en descendant du trône, que le serait un prince qui y monterait pour la première fois.

Dans la matinée du 20, il se rendit à Miliscola, vis-à-vis la baie, et de là il se dirigea vers l'île d'Ischia. Dès qu'il fut en mer, il forma de nouveau le projet d'entrer à Gaëte ; mais à quelques milles de cette place il aperçut une frégate et d'autres petits bâtimens anglais qui rendaient impossible l'approche de ce port. Il dut retourner à Ischia, où il fut reconnu et accueilli comme roi.

Joachim ne fit pas couper ses cheveux et ses moustaches, ainsi que cela a été dit ; il les conserva toujours tels qu'il les avait portés sur les champs de bataille. Il les avait sous les persécutions du marquis de R......; il les avait encore à ses derniers momens.

Le lendemain, 21 mai, on découvrit un bâtiment de commerce qui faisait route vers l'ouest : on lui fit des signaux ; il s'approcha de la plage, et en un instant Joachim fut à bord. Ce bâtiment avait été frêté par le général Manhes pour aller en France. Ainsi le hasard procurait à l'ex-roi ce qu'il ne pouvait plus obtenir par d'autres moyens.

On fit voile aussitôt pour les côtes de la Provence, et pendant la nuit on traversa la croisière anglaise. La mer fut assez belle, le vent presque toujours favorable ; et le 28 mai, après six jours de navigation, Murat mit pied à terre sur la même plage qui avait reçu le prisonnier de l'île d'Elbe. A peine débarqué, Joachim expédia un courrier à son ami Fouché, pour le prier d'annoncer à l'empereur son arrivée en France, et l'intention où il était de consacrer son bras à la défense de sa patrie. Napoléon, pour toute réponse, demanda à son ministre « quel traité de paix avait été conclu entre la France et Naples depuis 1814. » Fouché, habitué à deviner les phrases de son maître, comprit aussitôt ce que Napoléon voulait dire, et s'empressa de répondre laconiquement à l'ex-roi de Naples qu'il devait rester là où il était, puisqu'il pouvait y rendre de grands services à sa patrie en encourageant les troupes et les habitans à soutenir leurs droits, et à ne point se laisser imposer un gouvernement qui, disait-il, ne pouvait plus convenir à la France...

Murat reçut cette lettre à une petite maison de campagne aux environs de Toulon, où il vivait très-simplement, dépouillé de tout son ancien faste. Aussi vaillant dans les combats que Charles XII, Joachim était dépourvu de ce courage moral qui fait la véritable force des hommes ; il n'avait plus, d'ailleurs, aucun empire sur l'opinion des soldats Français ; il l'avait perdu depuis la campagne de 1814. Il lui fut donc impossible d'agir dans le sens de la lettre de Fouché : il ne le tenta pas.

Murat était encore à Toulon à l'époque de la bataille de Waterloo. Il apprit, à de courts intervalles, l'abdication et le départ de Napoléon, l'occupation de Paris, la destruction de toute la machine impériale, et le retour des Bourbons sur le trône de France. Il s'empressa d'écrire aux magistrats du département pour leur donner l'assurance qu'il ne chercherait jamais à troubler la tranquillité publique, ni par ses discours, ni par ses actions, et pour leur demander l'autorisation de pouvoir rester dans sa campagne jusqu'à ce que les souverains alliés eussent fixé son sort. Il citait, comme une preuve de ses intentions pacifiques, la conduite

qu'il avait tenue lorsque les troupes de la garnison et des environs avaient voulu le placer à
leur tête pour marcher contre les Marseillais (1). On se rappelle que les Marseillais
arborèrent le drapeau blanc en apprenant le
désastre de Waterloo; qu'ils exterminèrent les
Mamelucks de la garde réunis dans leur
ville (2), et qu'ils allèrent attaquer Toulon (3).
Murat ne voulut pas marcher contre eux : il se
considérait alors comme étranger aux affaires

---

(1) Rien ne prouve que les troupes de la garnison de
Toulon ni les patriotes de cette contrée aient fait à Murat la proposition dont parle le général Colletta. (*Note
du traducteur.*)

(2) Les Égyptiens qui furent massacrés à Marseille, au
nombre de trois ou quatre cents, n'étaient pas les Mamelucks de la garde impériale : c'étaient des malheureux,
hommes, femmes et enfans, qui avaient quitté l'Égypte
quand Bonaparte l'évacua, pour ne pas y être exposés,
parce qu'ils s'étaient déclarés pour les Français. (*Note
du traducteur.*)

(3) Les Marseillais ne marchèrent pas sur Toulon : ils
se bornèrent à en annoncer l'intention. Il aurait fallu
avoir perdu l'esprit pour aller attaquer une place fortifiée
comme Toulon. (*Note du traducteur.*)

politiques du pays qui lui avait accordé l'hospitalité dans sa fuite.

L'ex-roi de Naples joignit à la lettre pour les
magistrats du département, une autre lettre
pour le roi de France, dans laquelle il invo-
quait la générosité et la magnanimité de ce
monarque. Le style en était pathétique; et on
doit croire que, puisque cette lettre n'a pro-
duit aucune amélioration dans le sort du malheureux qui la traça, elle n'est point parvenue
entre les mains du Roi.

Murat écrivit en même temps à l'éternel
ministre Fouché, pour le prier d'obtenir des
souverains alliés une décision à son égard :
« Pourvu toutefois, lui disait-il en terminant,
« qu'il vous soit permis de m'aider dans mon
« infortune, sans que votre humanité puisse
« être regardée comme une trahison à vos nou-
« veaux devoirs envers votre nouveau souve-
« rain. »

Indépendamment de ces messages, Joachim
employa des moyens encore plus directs; il
envoya son ami M. Macéroni (1) auprès du

___

(1) M. Macéroni est un Anglais d'origine romaine, qui

duc de Wellington pour obtenir un asile en
Angleterre. Wellington lui promit de le secon-
der, à condition que l'ex-roi de Naples lui écri-
rait directement. Joachim le fit, mais sa lettre
resta entre les mains de M. Maceroni, parce
qu'elle contenait des expressions qui, dans les
circonstances, pouvaient être regardées comme
inconvenantes.

Les magistrats de Toulon avaient connaissance des démarches de Murat; ils auraient
désiré qu'il pût en attendre tranquillement le
résultat dans sa retraite : malheureusement pour
l'ex-roi, leur crédit et leur influence cessèrent
trop tôt. Les fureurs de Marseille, le fanatisme
de Nisme, l'assassinat du maréchal Brune,
bouleversèrent tout le midi de la France : Murat n'était plus en sûreté dans sa maison de
campagne. Il dut chercher un asile secret ; et,
en se séparant du petit nombre des personnes
qu'il avait encore avec lui, il fit répandre le
bruit de son départ pour Tunis.

---

avait servi en qualité d'officier d'ordonnance de Joachim.
Il était général sous le gouvernement constitutionnel.

Cette nouvelle ne put tromper les ennemis de Murat ; ils ne doutaient pas que l'ex-
roi ne fût encore à Toulon , et ils le cherchaient partout. On avait assuré que Murat
portait sur lui des richesses immenses en dia-
mans : ainsi la soif de l'or s'unissait à la soif
du sang.

A tous ces sujets de craintes vint encore se
joindre le marquis de R....., qui arrivait dans
le département avec le titre de commissaire
extraordinaire. Peu d'années auparavant, M. de
R....., compromis dans une conspiration contre Napoléon, avait été condamné à mort,
avec cinq de ses complices : Joachim et son
épouse sollicitèrent et obtinrent sa grâce , et
il recouvra sa liberté, tandis que les cinq autres condamnés furent fusillés. Après un cours
de vicissitudes extraordinaires , le marquis de
R..... arrive à exercer une autorité sans bor-
nes dans le pays où Joachim s'était réfugié,
et il promet quarante-huit mille francs de récompense à celui qui lui livrerait mort ou vif
son libérateur.

Malgré toutes ces promesses, l'asile de Murat n'avait pu être découvert. Désespérant d'at-

teindre leur proie , les hommes furieux qui s'é-
taient acharnés contre l'ex-roi de Naples lui
tendirent un piége auquel lord Exmouth ne
fut pas étranger. M. de R..... écrivit lui-
même à Joachim dans les termes les plus res-
pectueux ; il lui rappelait tous ses bienfaits,
et le priait de s'abandonner à la bonne foi et
à l'humanité de S. M. le roi de France. Cette
lettre fut remise entre les mains de M. Joliclère, commissaire de police à Toulon, qui
jouissait d'une grande réputation par son in-
tégrité et par sa probité. M. Joliclère parvint
à faire connaître à Joachim l'objet de la commission dont il était chargé ; il en obtint un
rendez-vous dans lequel il lui remit la lettre
du marquis de R..... Mais Murat ne voulut
point se rendre à l'invitation qui lui était
faite. M. de R..... ne lui offrait pas assez de
garanties, et l'intervention de lord Exmouth
excitait ses soupçons. Joachim s'était adressé
à cet amiral peu de jours avant, pour lui demander à être reçu sur la flotte anglaise, jusqu'à la décision des puissances alliées ; lord
Exmouth lui avait répondu qu'il ne pouvait le
prendre à son bord que pour l'envoyer en Angleterre en qualité de prisonnier.

M. Joliclère, en rendant compte au mar-quis de R..... de l'issue de sa médiation, ne put lui cacher qu'il avait vu Murat. M. de R..... garda le silence; mais le lendemain il ordonna à M. Joliclère d'arrêter l'ex-roi de Naples, *ne pouvant plus alléguer qu'il igno-rait le lieu de sa retraite*. M. Joliclère refusa d'obéir pour ne point participer à une infàme trahison : il conserva son honneur, mais il perdit sa place.

Le moment était critique : trop de persécu-teurs entouraient le malheureux Joachim pour qu'il pût espérer de leur échapper long-temps encore. Il se décida à quitter sa retraite pour se rendre incognito à Paris, et se placer sous la protection des puissances alliées; mais ce voyage ne pouvait se faire par terre sans par-courir la route baignée du sang du maréchal Brune (1). Il crut donc plus sûr de s'embar-

---

(1) Si le navire frété pour le Hâvre, pour y transporter Murat, devait partir le 2 août, il n'est pas exact de dire que la route par terre était, à cette époque, baignée du sang du maréchal Brune, puisque ce maréchal ne fut

quer pour le Hâvre. Un bâtiment léger fut no-
lisé pour ce voyage, et le départ fût fixé pour
la nuit du 2 août. Il était impossible à Joachim
de s'embarquer dans le port sans être reconnu;
il fut donc décidé que le bâtiment mettrait à
la voile, et que l'ex-roi se rendrait pendant
la nuit sur une plage peu fréquentée où les
chaloupes viendraient le chercher. Le petit
nombre d'amis qui lui restait, et son neveu
Bonnafoux s'embarquèrent sur le bâtiment
avec tous les effets.

Dès que la nuit fut arrivée, Murat abandonna sa retraite pour se rendre à la plage : le
capitaine du bâtiment se mit dans la chaloupe
pour aller l'embarquer; mais, par une fatalité
inouïe, l'un ou l'autre manqua le point con-
venu. Ils se cherchèrent inutilement pendant
une partie de la nuit : la mer devint houleuse,
la chaloupe ne pouvait plus rester près du rivage sans courir le danger d'y être brisée; il
fallut quitter la plage et s'éloigner. Le roi fugi-

---

assassiné à Avignon que ce même jour 2 août. (*Note du
traducteur.*)

tif appelait en vain : le bruit des vagues seul répondait à sa voix.

Déjà l'aurore éclaire l'horizon; on commence à distinguer les objets, et Murat désolé aperçoit en pleine mer le navire qui devait le sauver. Il lui est impossible de le joindre, il ne lui est plus permis de rester dans les lieux où il se trouve, et moins encore de retourner dans son asile, puisqu'il aurait été obligé de marcher long-temps sans guide et d'arriver à Toulon en plein jour. N'ayant point de temps à perdre, il marche au hasard au milieu des bois et des vignes, et y passe deux mortelles journées dans la plus déplorable situation.

Le besoin de nourriture et de repos le forcèrent enfin à chercher une habitation. Il rencontra une petite ferme de la plus mince apparence, entourée de vignes, et à proximité de la ville dans laquelle il voulait conserver quelques relations. Il ne balança pas à entrer pour demander l'hospitalité : il espérait donner de ses nouvelles au petit nombre d'amis que son infortune ne lui avait point ravis.

La petite maison était habitée par une vieille femme qui accueillit le fugitif avec la plus

grande affabilité. On sait que Murat avait une
physionomie ouverte, un front toujours serein,
et un sourire fréquent qui prévenait en sa faveur. Il n'eut point de peine à faire accroire à
son hôtesse qu'il était de la garnison de Toulon, et que, s'étant égaré pendant la nuit, il
avait besoin de quelques alimens et de quelques
heures de repos. Il promettait de payer géné-
reusement, lorsque cette bonne femme lui im-
posa silence en lui disant : Vous aurez tout ce
que nous possédons dans notre maison, car
elle appartient à un ancien militaire qui s'esti-
mera heureux d'avoir pu être utile à un de ses
camarades; mais gardez-vous bien de lui parler
de paiement, car il se fâcherait. Murat s'in-
forma si le propriétaire était à la ville, et il
n'apprit pas sans quelque inquiétude que cet
ancien militaire ne tarderait pas à rentrer de sa
promenade.

Pendant ce dialogue, la bonne femme avait
préparé des œufs, et Murat les mangeait ou
plutôt les dévorait, lorsque le maître arriva.
Non moins hospitalier, non moins honnête que
sa bonne, il accueillit l'ex-roi de la manière
la plus cordiale, et se plaça à table près de lui

pour lui tenir compagnie et lui verser à boire.

L'ancien militaire avait vu le portrait de Murat dans la salle des maréchaux ; il l'avait vu sur les monnaies du grand-duché de Berg et du royaume de Naples ; il avait entendu dire que ce prince infortuné était toujours caché dans les environs de Toulon. Il forme des soupçons ; il observe son hôte, et bientôt ses gestes, son regard, ses manières aisées lui dévoilent l'ex-roi de Naples dans l'officier égaré. Il se lève aussitôt, se jette à ses pieds ; et, lui demandant pardon de l'avoir traité aussi familièrement, il lui jure fidélité, lui offre sa maison, sa fortune et sa vie. A ces mots la bonne femme interdite, laisse tomber les ustensiles de cuisine qu'elle tenait dans ses mains, et se jette elle aussi aux genoux de l'ex-roi. Joachim ému les embrasse tendrement : des larmes de reconnaissance vinrent inonder ses paupières..

Dès cet instant, et par l'entremise du maître de la maison, Joachim put correspondre avec ses amis de Toulon. La bonne femme veillait sans cesse à la sûreté de son hôte, et ne voulait se reposer que lorsqu'elle avait placé en vedette son bon patron.

Une nuit elle aperçu t dans le lointain la clarté d'une lanterne qui s'approchait de la maison : soupçonnant quelque agression ; elle réveille Murat, le cache aussitôt dans un trou recouvert de vignes qui avait été préparé à cet effet, arrange le lit du proscrit, et faisait déjà semblant de se déshabiller lorsqu'on frappa à la porte. Cette brave femme ne s'était point trompée : une soixantaine de prétendus gardes nationaux, ayant à leur tête M. M....., fils du général de ce nom, se précipitèrent dans la ferme comme des loups affamés : ne trouvant pas celui qu'ils y cherchaient, ils se répandirent dans les vignes et passèrent plusieurs fois près de l'endroit où Murat était caché. Il les vit et les entendit proférer les plus horribles imprécations contre lui et contre Dieu. Avides de cette proie, mais n'ayant pu la trouver dans la ferme, ces cannibales partirent enfin ; et allèrent renouveler les mêmes scènes dans toutes les campagnes voisines ; ils ne doutaient pas que Murat ne fût toujours dans les environs de Toulon, mais ils ignoraient le lieu de sa retraite, et le cherchaient au hasard pendant la nuit.

Il devenait à chaque instant plus dangereux pour Murat de séjourner dans les lieux où il était. Il ne recevait aucune nouvelle de Paris; les souverains alliés semblaient l'avoir abandonné à la férocité de ses persécuteurs et aux poignards de ses assassins : Fouché même n'avait pas daigné l'honorer d'une réponse. Murat fut blessé de ce procédé, et lui écrivit une lettre très-vive, datée *du fond de son ténébreux asile, le 22 août.*

Depuis que son fidèle Macéroni était en prison, il ne lui restait plus aucun appui; il fallait abandonner la France; les momens étaient précieux. Le caractère hospitalier des Corses était connu de Murat; un grand nombre de ces insulaires avaient servi sous ses ordres. La Corse paraissait donc lui présenter un asile; il se détermina à s'y rendre.

Trois de ses amis de Toulon, dont je tairai les noms honorables dans la crainte de leur occasioner de la peine, préparèrent secrètement les moyens pour faire ce voyage; ils se procurèrent un petit bateau, et l'on arrêta le départ pour la nuit du 22 août 1815. De Toulon à Bastia on compte 50 lieues marines; on fait souvent cette traversée en moins de vingt-quatre heures; mais Murat avait cessé d'être heureux.

L'heure du départ sonna enfin. L'ex-roi de Naples, et trois de ses amis, dont un était officier de marine, s'embarquèrent sur le frêle bateau, et se livrèrent à la merci des vents. En quittant la France, dont il avait été un des plus vaillans défenseurs, Joachim proscrit, poursuivi comme un brigand, ne put s'empêcher de répandre des larmes.

On mit le cap sur la Corse; mais une mer houleuse et le manque absolu de vent ne permirent pas de faire beaucoup de chemin pendant cette même nuit. Le lendemain, le vent fraîchit; on fut obligé d'amener successivement toutes les voiles, et de courir à sec; en peu de temps la tempête devint si violente, qu'il ne fut plus possible de diriger la marche du bâtiment, et il fallut l'abandonner à la merci des flots. Ce misérable bateau n'était pas ponté; chaque vague le remplissait d'eau que nos malheureux voyageurs étaient obligés de rejeter en se servant de leurs chapeaux; vingt fois ils faillirent à être submergés, vingt foit leur

courage et leurs efforts redoublés les sauvèrent.
Vers le soir le vent diminua sensiblement, et
le bateau fut nouvellement orienté vers la
Corse; mais il avait été endommagé, et tout
faisait craindre qu'il ne sombrât avant d'aterrer
à Bastia.

A la pointe du jour du 25 août, on découvrit à une petite distance un bâtiment mar-
chand qui se dirigeait vers Toulon. On s'en
approcha, et l'un des compagnons d'infortune
de Joachim pria le capitaine de les prendre à
son bord, lui promettant une récompense généreuse s'il voulait les conduire en Corse. Mais
ce capitaine, effrayé par la vue de quatre hommes qui paraissaient déterminés, les prit sans
doute pour des forbans; et au lieu de secourir
les malheureux qui lui tendaient les bras, il
voulut faire sombrer leur bateau en tentant de
le briser sous sa proue. Heureusement ils évitè-
rent le choc, et chacun continua sa route en
s'accablant mutuellement d'imprécations.

Vers la fin du jour, nos voyageurs désorientés
furent enfin joints par la balancelle qui sert de
messager entre la France et la Corse. Les deux
bâtimens s'abordèrent, et Joachim ne pouvant

se cacher demanda lui-même au commandant
à être reçu avec ses compagnons d'infortune
sur sa balancelle corse ; il y fut aussitôt accueilli avec tous les égards dus à son rang et à
ses malheurs. Le bateau sur lequel l'ex-roi avait
tant souffert ne fut pas plutôt abandonné qu'il
s'engloutit et disparut ; mais on pouvait alors
contempler son naufrage d'un œil calme, et le
spectacle de sa submersion n'avait plus rien de
pénible, puisqu'il n'y avait plus personne à
bord. -

Murat et ses amis furent surpris agréable-
ment en rencontrant sur la balancelle les généraux français N....., N....., et le duc de.....
Comme eux, ils fuyaient les fureurs des Marseillais (1); comme eux ils étaient proscrits et
fugitifs. Ils auraient dû considérer Joachim
comme un ancien camarade, comme un com-
pagnon d'infortune ; mais l'habitude de la cour

---

(1) Il ne faut pas confondre les assassins qui ensan-
glantèrent Marseille, avec les citoyens de cette ville.
Quelques-uns d'entre eux eurent de grands torts à cette
époque ; mais tout le monde sait que le chef des assassins n'était pas un Marseillais. (*Note du traducteur.*)

l'emporta sur la raison ; ils traitèrent Murat en souverain ; et firent naître dans son âme le désir de régner encore. Dès cet instant son jugement fut offusqué, et il forma le funeste projet qui devait l'entraîner à sa perte.

Rappelons-nous dans la suite de cette narration, que les événemens qui conduisirent Joachim au village de Pizzo prirent naissance à bord de la balancelle.

Le roi Joachim ordonna que l'on cachât soigneusement son rang lorsqu'on aborderait en Corse. A cet effet, il prit et fit prendre aux personnes de sa suite des noms supposés. Cette fiction plut au capitaine du bâtiment, en ce qu'elle l'empêchait d'être compromis auprès du gouvernement français.

Pendant qu'on parlait au milieu des marins le langage de la cour, et que l'on en pratiquait le cérémonial, la barque qui portait César et sa fortune, approchait des rives agrestes de la Corse, et le 26 août on jeta l'ancre dans le port de Bastia. Avant de quitter la balancelle, le roi Joachim voulut faire des dons généreux au capitaine qui l'avait si opportunément accueilli ; mais ce brave marin les refusa le plus

poliment possible ; et ce ne fut qu'avec beaucoup de peine qu'on put faire accepter quelque
argent aux matelots composant l'équipage.

Par le moyen de ses amis de Toulon, Joachim avait tiré une somme considérable sur
les fonds qu'il possédait à Paris, et cet or, qu'il
avait sur lui, le mettait à même de récompen-
ser en roi.

Murat débarqua à Bastia sans être reconnu
d'abord ; mais à peine avait-il passé quelques
heures dans cette petite ville, que la nouvelle
de son arrivée s'y répandit, et mit en mouvement tous les habitans. L'ex-roi n'avait rien à
craindre au milieu de ce peuple qui regarde
l'hospitalité comme la première des vertus, et
qui l'exerce scrupuleusement même envers ses
ennemis ; néanmoins, comme il ne voulait
point compromettre la tranquillité publique,
il s'empressa de quitter Bastia et de se rendre,
avec ses trois amis, au village de Viscovato,
situé à trois lieues au sud de la ville chef-lieu.
En y arrivant, Joachim se dirigea vers la maison la plus apparente, se nomma, et demenda
l'hospitalité. Cette maison appartenait à M. Colonna Cecaldi, alors syndic de Viscovato, et

l'un des plus chauds partisans des Bourbons, pour lesquels il avait été exilé de sa patrie pendant plusieurs années. M. Colonna, descendant d'une famille illustre, avait hérité de ses aïeux des plus nobles qualités, et dès qu'il apprit que l'ex-roi s'était réfugié en Corse pour y attendre la décision que les souverains alliés devaient nécessairement prendre à son égard, il l'assura que sa maison serait un asile sacré pour lui et ses amis, puisqu'il n'existait ni aucun ordre du gouvernement, ni aucune obligation légale pour les sujets du roi de France de regarder Joachim Murat comme un ennemi de l'état. Il mit aussitôt à sa disposition tout ce qu'il possédait.

Comment ne pas admirer les excellentes qualités de ces hommes que l'on nous peint comme des sauvages, parce qu'ils chérissent la liberté et l'indépendance ! et comment ose-t-on qualifier de traîtres ceux qui ne violèrent jamais les saintes lois de l'hospitalité, et qui se montrent souvent plus humains que les peuples les mieux civilisés ! Des Français poursuivent avec acharnement un roi fugitif et sans appui ; des Français refusent de secourir des hommes malheureux qui , prêts à être engloutis , tendaient vers eux leurs bras supplians : des Corses s'empressent de les sauver, des Corses leur offrent un asile inviolable ! Malheureuse époque!....(1)

Joachim était à peine installé dans sa nouvelle habitation, que le général Franceschetti, gendre de M. Colonna, vint le saluer : ce général avait été son aide-de-camp pendant qu'il était roi de Naples; il reprit ses fonctions. Plus de deux cents officiers de tout grade, qui avaient servi sous Murat tant en France qu'à Naples, se trouvaient alors en Corse. Joachim avait toujours eu des manières séduisantes , et ceux qui l'avaient vu dans les combats n'avaient pu s'empêcher de l'admirer et de l'aimer : les vétérans corses accouraient en foule autour de

-----

(1) Les Corses sont aussi Français; et si quelques Français se sont montrés indignes de ce nom , combien d'autres ne l'ont pas rendu honorable et glorieux ! Les trois officiers qui suivirent Murat dans sa fuite hasardeuse, la vieille qui lui donna l'hospitalité , et le propriétaire qu le reconnut et qui s'exposa à tous les dangers pour le sauver, n'étaient-ils pas Français ? (*Note du traducteur.*)

lui. En peu de jours le bourg de Viscovato devint la résidence d'une cour et le quartier-général d'une armée.

La situation politique de la Corse était très-extraordinaire dans ce moment. Les habitans de cette île s'étaient divisés en trois partis : les bonapartistes, les anglais et les bourbonistes, et l'on comptait, en outre, quelques indépendans. Chaque parti était en armes, et prêt à en venir aux mains. Les bonapartistes, qui étaient nombreux, et les indépendans, placèrent leurs espérances sur Joachim. Ceux qui voulaient favoriser les Anglais, et les bourbonistes, ne s'entendaient pas entre eux. Le gouvernement avait dans l'île environ mille hommes de vieilles troupes, qui n'avaient jamais cessé de chérir les généraux de la révolution. Joachim pouvait s'emparer de toute la Corse sans éprouver la moindre opposition ; mais il n'y pensa jamais, et rejeta constamment la proposition qui lui en fut faite plusieurs fois. Il nourrissait d'autres espérances, et une autre destinée l'attendait dans les Calabres.

Joachim se trouvait dans cette situation depuis près de trois semaines, et aucune nouvelle

n'était arrivée de Paris. Il attendait un passe-
port pour l'Angleterre , le seul qu'il aurait accepté avec plaisir, parce qu'il désirait obtenir
ce qui avait été refusé à Napoléon après la bataille de Waterloo. Le silence des souverains
alliés l'autorisait toujours plus fortement à
penser qu'ils avaient résolu de l'abandonner à
son malheureux sort.

Cependant le commandant de Bastia , vieil
officier émigré , imprudent par caractère et in-
capable de bien juger la force des passions
politiques , s'aperçut enfin de l'esprit de rébel-
lion qui animait les habitans et les troupes , et
crut qu'il était de son devoir de combattre l'ex-
roi , qu'il appelait Murat , s'il ne cédait point
à sa sommation de se rendre à lui , pour être
mis à la disposition de S. M. le roi de France.
Afin d'appuyer ses ridicules prétentions , il or-
ganisa une expédition composée de troupes de
ligne et de partisans armés , et fit marcher ce
bataillon contre Joachim. La nouvelle de cette
agression ne tarda pas à se répandre dans l'île.
Aussitôt huit à neuf cents vétérans corses , et
autant de citoyens volontaires , accoururent à
Viscovato, les uns par dévoucment pour l'ex-

roi, les autres par attachement à la famille Colonna. C'était la maison Colonna que l'on voulait attaquer ; c'était les lois de l'hospitalité qu'il fallait défendre.

Joachim fut plus fâché de voir les préparatifs de défense, qu'il ne l'avait été en apprenant les dispositions du vieux commandant. Les mouvemens des Corses prenaient un caractère de révolte dont il était, malgré lui, le motif. Il voulut remercier ceux qui s'étaient réunis pour le défendre : il les engagea à se retirer chez eux ; mais, voyant qu'il ne pouvait les persuader, il les pria de vouloir bien, au moins, rester sous ses ordres, et de ne brûler aucune amorce qu'il ne l'eût préalablement commandé lui-même.

Le bataillon agresseur était près d'arriver à Viscovato, lorsqu'il apprit quels étaient les grands moyens de défense que Joachim avait près de lui. Comme à l'ordinaire, la peur les exagéra ; et cette armée, réunie avec peine par le vieux commandant, revint en désordre à Bastia, et porta l'épouvante dans l'âme de celui qui avait préparé l'expédition. Il fut tellement alarmé de ce qu'il apprit, qu'il ne se crut pas en sûreté, et fit mettre Bastia en état de défense. Précaution inutile autant que ridicule! Joachim, respectant les lois de l'hospitalité, conservait scrupuleusement l'attitude d'un étranger réfugié.

Bientôt tout ce qui se passait en Corse fut connu sur le continent; les événemens arrivés à Viscovato, scandaleux pour l'Europe, pouvaient devenir funestes à la France, et compromettre dans l'île l'estimable famille Colonna. Joachim crut qu'il était temps d'abandonner son village, et de se rendre à Ajaccio : il s'éloignait ainsi de cette contrée, devenue un volcan par les imprudences du chef militaire qui alimentaient sans cesse les inquiétudes des habitans. Il congédia donc un grand nombre de soldats et tous les partisans qui s'étaient réunis autour de lui, ne retint que quatre cents vétérans pour son escorte, et prit congé de M. Colonna, non sans lui témoigner toute sa gratitude et toute son estime. Déjà ses trois amis, qui l'avaient suivi depuis Toulon, s'étaient séparés de lui.

A peine sa marche sur Ajaccio fut-elle connue, que les autorités abandonnèrent la ville et se réfugièrent dans la campagne : le syndic seul resta. Le peuple alla à la rencontre de Joachim, et son entrée dans la ville fut triomphale. Les soldats qui occupaient la citadelle firent entendre sur les remparts les cris de *vive le roi Joachim ;* les habitans lui offrirent leurs plus belles maisons, mais il les remercia et alla se loger dans une auberge. Dès le matin il fit acheter quelques petits bâtimens.

La cour de Naples, qui avait connaissance de ce qui se passait en Corse, crut qu'il était très-important pour elle d'y avoir un affidé qui épiât les actions de l'ex-roi, et qui tâchât de découvrir quels pouvaient être ses desseins. Ces viles fonctions furent acceptées par un certain Carabelli, originaire de Corse, mais qui avait été employé à Naples par Joachim en qualité de secrétaire - général de l'intendance. Cet homme s'associa son frère, ex-capitaine dans l'armée française, et auquel Murat avait donné le grade de major dans les troupes napolitaines. Ces dignes frères, ayant la facilité d'approcher Joachim, et d'entendre tout ce que son caractère et l'exaltation de son imagination lui faisaient dire, le rapportaient exactement au ministère napolitain. Ainsi on était informé à Naples de tout ce qui se passait en Corse (1).

Joachim était encore à Ajaccio lorsqu'il y arriva un anglais, se disant aide-de-camp de S. Exc. le commandant en chef des forces britanniques dans la Méditerranée. Cet officier somma l'ex-roi de se rendre à son commandant, pour être mis à la disposilion des souverains alliés. Le lendemain, le capitaine Bastard arriva de Livourne, et fit la même sommation au nom de lord Burghersch, ministre d'Angleterre en Toscane : ce capitaine commandait une frégate anglaise et deux chaloupes canonnières. Joachim reçut fort cordialement ces deux émissaires ; mais il leur répon-

---

(1) Après la catastrophe du Pizzo, l'un des frères Carabelli alla à Naples pour y demander le juste salaire de ses services. On le nomma consul napolitain à Trieste ; mais il y fut si mal reçu des négocians et du peuple, qu'on dut l'envoyer à Milan. Il a été congédié du service napolitain, sous le gouvernement constitutionnel. Le major resta en Corse, méprisé par ses compatriotes. C'est ainsi que le ciel récompense les traîtres.

dit que les autorités par qui ils étaient envoyés n'offraient pas assez de garantie pour un homme de sa qualité, et qu'un roi, quoique malheureux, ne pouvait pas se livrer aveuglément. Les deux officiers désapointés s'en retournèrent à Bastia, et s'unirent aussitôt avec le commandant de cette ville.

Depuis son arrivée en Corse, Joachim avait dans ses momens prospères, laissé connaître ses nouveaux projets et ses vues sur le royaume de Naples, et l'on ne doutait plus à Bastia qu'il n'eût l'intention de s'approcher du continent. Le capitaine Bastard s'était décidé à placer ses canonnières devant Ajaccio, et à croiser lui-même avec sa frégate dans le détroit de Boniface; mais son départ fut retardé par l'arrivée à Bastia de M. Macéroni.

Le gouvernement napolitain était toujours plus vivement alarmé. Malgré les tièdes applaudissemens de ceux qui se disaient ses amis, il était facile de remarquer le mécontentement d'un très-grand nombre de personnes. La prospérité de l'état, toujours vantée par un journal vendu au pouvoir, était loin d'être aperçue par la nation. La modération envers ceux

qu'on appelait *muratistes* n'était pas d'un assez grand prix pour faire oublier les défauts
du nouveau gouvernement; chacun avait appris que l'intolérance politique est un mal, et
que la modération ne mérite pas tant de reconnaissance, puisqu'elle est la garantie des
sociétés civiles.

Les tremblemens de terre sont sans doute un
fléau pour l'humanité; mais la nature ne fait
aucune faveur à l'espèce humaine lorsqu'elle
ne l'afflige pas de ce fléau. On ne doit pas plus
de reconnaissance au pouvoir de ce qu'il épar-
gne quelques-uns des maux qui dérivent de
l'abus de la force, qu'on n'en doit à un homme
armé qui pourrait nous tuer, mais qui ne nous
tue pas. Le ministère connaissait sa position :
il donna secrètement quelques instructions
vagues aux commandans de Gaëte, des îles et
des Calabres, qu'ils devaient exécuter dans le
cas d'une attaque imprévue. Il se tut aussitôt,
dans la crainte d'en trop apprendre aux partisans de Murat. Le ministère avait mis sa confiance dans troupes autrichiennes qui se
trouvaient à Naples, et dans l'inimitié qui

existait entre le général qui les commandait et l'ex-roi.

Telle était la situation de la Corse et de Naples, lorsque M. Macéroni, si long-temps désiré, si long-temps attendu par Joachim, arriva à Calvi. Ce fidèle ami avait traité pour son prince avec les souverains alliés, et lui apportait enfin leur décision à son égard. M. Macéroni apprit à Calvi que Joachim était à Ajaccio, et que les Corses l'avaient pris sous leur protection. De Calvi à cette dernière ville, la route directe était impraticable et périlleuse; il dut passer par Bastia, où il arriva le 25 septembre, et d'où il expédia aussitôt un courrier à l'ex-roi pour le prévenir de son arrivée en Corse et de son prochain départ pour Ajaccio. Avant de partir, M. Macéroni eut une entrevue avec le commandant de l'île, et une longue conférence avec le capitaine Bastard, dans laquelle il leur fit connaître qu'il était porteur d'un passe-port autrichien pour l'ex-roi, et les engagea en même temps à suspendre toute opération hostile jusqu'à son retour d'Ajaccio.

« Le roi Joachim, leur disait-il, dans l'état
« d'abandon et d'incertitude où il se trouve,

« acceptera avec gratitude l'asile qui lui est
« offert en Autriche ; il est époux et père, il
« doit souhaiter vivement de se réunir à sa fa-
« mille. » Le capitaine Bastard ne doutait pas
non plus que Joachim n'acceptât ce passe-port,
et s'offrit même pour le conduire à Trieste à
bord de sa frégate. C'est ainsi que s'abusaient
deux hommes qui ne connaissaient pas assez
l'esprit indomptable de Murat.

Après avoir arrêté toutes ces dispositions,
M. Macéroni partit, le 27 septembre, pour se
rendre à Ajaccio. Il ne tarda pas à rencontrer
un messager de Joachim qui lui apportait une
lettre, et lui amenait un superbe cheval de
selle. Cette lettre, extrêmement concise, contenait cette phrase : « Votre lettre de Calvi a
« arrêté mon départ fixé pour ce soir : arrivez
« au plus tôt à Ajaccio. » M. Macéroni hâta sa
marche, et entra à Ajaccio dans l'après-midi
du 28. Il distingua de loin la maison qu'habi-
tait l'ex-roi, car son pavillon flottait sur le
haut de l'édifice, et plusieurs sentinelles étaient
placées à la porte. Il entra dans un apparte-
ment dont la grandeur et la superbe apparence

l'étonnèrent ; on l'annonça , et il fut introduit.

Je regrette infiniment que mon cadre ne me permette pas de transcrire tout ce qui est arrivé à M. Macéroni , depuis le jour où il fut arrêté à Toulon , et séparé de son roi et de son ami. Je dois me borner à suivre Joachim dans la funeste route que son caractère bouillant lui a fait prendre , et qui devait le conduire au village de Pizzo.

Après avoir satisfait l'impatience du roi , qui lui adressait dix questions à la fois, M. Macéroni lui remit le passe-port autrichien conçu en ces termes :

« M. Macéroni est autorisé par ces présentes
« à prévenir le roi Joachim que S. M. l'empe-
« reur d'Autriche lui accordera un asile dans
« ses états , sous les conditions suivantes :

« 1°. Le roi prendra un nom privé : la reine
« ayant adopté celui de Lipano , on propose
« au roi de prendre ce même nom.

« 2°. Il sera permis au roi de choisir une
« ville de la Bohême , de la Moravie , ou de la
« haute Autriche , pour y fixer son séjour ; il

« pourra même, sans inconvénient, habiter
« une campagne dans ces mêmes provinces.

« 3°. Le roi engagera sa parole d'honneur,
« envers S. M. I. et R., qu'il n'abandonnera
« jamais les états autrichiens sans le consente-
« ment exprès de l'empereur, et qu'il vivra
« comme un particulier de distinction, mais
« soumis aux lois qui sont en vigueur dans les
« états autrichiens.

« En foi de quoi, et afin qu'il en soit fait un
« usage convenable, le soussigné a reçu l'or-
« dre de l'empereur de signer la présente dé-
« claration.

« Donné à Paris, le 1er septembre 1815.

« *Signé*, le prince DE METTERNICH. »

« Ainsi donc, s'écria Joachim après avoir
lu cette pièce, on m'offre une prison pour
asile ! De la prison à la tombe il n'y a qu'un
pas : un roi qui ne peut conserver sa couronne
n'a plus que l'alternative de la mort d'un soldat. Vous êtes arrivé trop tard, mon cher Macéroni, le dez est jeté ; j'ai attendu pendant
trois mois, et constamment au péril de mes

jours , la décision des puissances alliées ; il est évident que j'ai été abandonné aux poignards de mes ennemis par ces mêmes souverains qui naguère recherchaient mon alliance. Aujourd'hui ma résolution est prise : je vais reconquérir mon royaume. J'ai les plus belles espérances pour l'heureuse réussite de mon entreprise ; mais si j'étais déçu , j'ai assez souvent affronté la mort pour ne pas la craindre dans cette circonstance décisive. Ma malheureuse campagne d'Italie n'a point détruit ma souveraineté , reconnue par toute l'Europe. Les rois se font la guerre ; mais en perdant leur royaume ils ne perdent point leurs titres à la couronne : ils conservent toujours le droit de retourner sur le trône qu'ils ont perdu , s'ils en trouvent le moyen. Enfin , M. Macéroni , je ne saurais vivre soumis aux lois d'un gouvernement despotique ; un passe-port pour l'Angleterre était le seul que j'aurais accepté. »

M. Macéroni lui raconta alors comment il avait été au moment de l'obtenir , et comment une circonstance imprévue l'en avait privé. « Dès l'arrivée à Paris du marquis Giuliani , qui m'apprit la pénible position dans laquelle

V. M. se trouvait, lui dit Macéroni, je me rendis auprès du duc de Wellington pour lui faire part de vos désirs, et pour l'engager à me délivrer un passe-port pour Londres, lui offrant en échange la remise de la place de Gaëte, qui n'était point encore au pouvoir des Autrichiens. Le duc s'engagea à traiter cette affaire avec le prince de Metternich et lord Castelreagh, et me témoigna le plus grand intérêt pour V. M. Deux jours après, je retournai chez lui pour avoir une réponse : il m'annonça que nos moyens de négociation n'existaient plus, puisqu'on venait de recevoir la nouvelle de l'occupation de Gaëte par les troupes autrichiennes. »

Après ces explications, M. Macéroni fit tout ce qu'il put pour faire abandonner à l'ex-roi son audacieux projet, mais ce fut en vain ; Joachim lui répondait toujours : « Les Corses m'ont accueilli : les Napolitains me repousseront-ils ? Les premiers ont voulu combattre pour moi qui ne suis point leur roi : les Napolitains feront-ils le contraire ? Et, d'ailleurs, puis-je abandonner au ressentiment du gouvernement français deux cent cinquante braves qui ont embrassé ma cause, et dont les noms lui sont connus? »

Voyant qu'il était impossible de faire revenir le roi à d'autres idées, M. Macéroni le pria de lui donner un reçu de son message, et une réponse à la lettre qu'il lui avait écrite en lui remettant le passe-port, afin qu'il pût les montrer au prince de Metternich.

Joachim écrivit : « M. Macéroni, envoyé par les puissances auprès du roi Joachim, j'ai pris connaissance du message dont vous étiez porteur ; j'accepte le passe-port que vous êtes chargé de me remettre, et je compte m'en servir pour me rendre à la destination qui m'y est fixée. Quant aux conditions que S. M. I. et R. impose à l'offre d'un asile en Autriche, je me réserve de traiter cet important article dès que je serai réuni à ma famille. -

« Je n'accepte point l'offre que me fait le capitaine Bastard de disposer de la frégate de S. M. Britannique pour me rendre à Trieste, attendu que M. Bastard m'a fait une sommation trop peu mesurée ces jours derniers.

« Persécuté, menacé en Corse parce qu'on m'y a supposé des vues sur cette île, j'avais déjà préparé les moyens d'en partir : je pars en effet cette nuit. J'accepte avec plaisir les deux domestiques que vous voulez me céder.

« Sur ce, M. Macéroni, je prie Dieu, etc.

« *Signé*, JOACHIM. »

M. Macéroni fut invité à dîner par le roi. La société était composée de deux généraux, de cinq ou six colonels, et de quelques autres officiers supérieurs qui formaient l'état-major de la petite armée. Joachim fut gai et affable pendant le dîner ; il parla souvent de la France et de la bataille de Waterloo ; il rendit justice à l'intrépidité des troupes anglaises et aux talens de leur chef ; il blâma la manière dont la cavalerie française fut employée et sacrifiée, et, après un profond soupir, il s'écria : *Si j'avais été là !....*

Après le dîner, Joachim appela M. Macéroni, et le conduisit dans son cabinet. Là, il lui témoigna combien il était honteux de lui en avoir imposé dans la lettre qu'il lui avait écrite quelques heures avant ; et, prenant la plume, il lui en écrivit une autre, qu'il donna à son secrétaire pour la copier, et pour qu'il la remît à son adresse dès qu'il aurait quitté la Corse. « Que les souverains alliés, disait-il, que l'Europe entière, connaissent mes véritables intentions ! Ma cause est juste, mon entreprise est légitime : pourquoi chercherais-je à l'environner de ténèbres et de mensonges ? »

Cette seconde lettre était ainsi conçue :

« Ajaccio, ce 28 septembre 1821.

« M. Macéroni, envoyé par les puissances alliés auprès du roi Joachim, ma première lettre en date de ce matin a été dictée par les circonstances ; mais je dois à moi-même, à la vérité et à votre noble loyauté et bonne foi, de vous manifester mes véritables intentions. Voici le motif de cette seconde lettre.

« Je regarde la liberté comme le premier de tous les biens : la captivité est pour moi pire que la mort même. Quels traitemens dois-je attendre de ces puissances qui, pendant plus de deux mois, m'ont laissé sous les poignards des assassins du Midi ? J'ai sauvé la vie au marquis de R.... Il était condamné à périr sur l'échafaud : j'ai obtenu sa grâce ; et il a excité contre moi les furies marseillaises, et mis ma tête à prix. Affreuse vérité !.... Errant dans les bois, caché dans les antres des montagnes, je dois la vie à la généreuse compassion que mes malheurs ont excitée dans le cœur des trois officiers français qui, au milieu des plus grands dangers, m'ont transporté en Corse.

« Des hommes méprisables prétendent que j'ai emporté de Naples de grands trésors : ces hommes ignorent que, lorsque ce royaume me fut donné en échange du grand-duché de Berg, que je possédais d'après un traité solennel, j'y apportai des richesses immenses que j'ai employées pour mon royaume de Naples. Le souverain qui l'a occupé après moi a-t-il reconnu ce pays ? Et moi je n'ai plus le stricte nécessaire ni pour moi ni pour ma famille !....

« Je n'accepterai jamais, M. Macéroni, les conditions que vous êtes chargé de m'offrir : je ne vois en elles qu'une abdication pure et simple, qui n'est compensée que par le seul avantage qu'*il me sera permis de vivre* dans un esclavage éternel, et sous l'action arbitraire d'un gouvernement despotique. Où est ici la modération et la justice? où sont les égards dus à un monarque malheureux, reconnu formellement par toute l'Europe, et qui, dans un moment difficile, a décidé de la campagne de 1814 en faveur de ces mêmes puissances qui l'accablent aujourd'hui du poids excessif de leurs persécutions?

« C'est une vérité reconnue en Europe, que je ne me suis décidé à repousser les Autrichiens jusqu'au Pô que parce qu'à force d'intrigues on était parvenu à me persuader qu'ils s'apprêtaient à m'attaquer sans l'intervention de l'Angleterre. Je crus nécessaire alors d'avancer mes lignes de défense, et d'engager dans ma cause les peuples de l'Italie.

« Personne mieux que vous et que lord Benting ne doit être persuadé que le fatal mouvement de retraite du Pô eut pour motif cette déclaration de ce général, *qu'il se trouvait dans l'obligation de secourir les Autrichiens, s'ils l'avaient demandé.*

« Vous connaissez aussi ce qui occasiona le désordre et la désertion qui eurent lieu dans ma belle armée. La nouvelle de ma mort insidieusement répandue, celle du débarquement des Anglais à Naples, la conduite du général P....., la trahison de quelques officiers qui réussirent avec un art perfide à augmenter le désordre et le découragement, en donnant un funeste exemple, en furent la cause.

« Il n'existe plus en ce moment un seul individu de cette armée qui n'ait reconnu son erreur : je pars pour aller les rejoindre, car ils brûlent du désir de me revoir à leur tête. Ils m'ont tous conservé leur affection, ainsi que toutes les autres classes de mes sujets bien-aimés. Je n'ai point abdiqué ; j'ai le droit de reconquérir ma couronne, si Dieu m'en donne la force et les moyens. Mon existence sur le trône de Naples ne pourrait plus être un motif de crainte, car on ne pourrait plus me soupçonner de correspondre secrètement avec Napoléon, qui est à Sainte-Hélène. L'Angleterre et l'Autriche pourront au contraire retirer de moi quelques avantages, qu'elles espèrent en vain du souverain qu'ils ont mis à ma place sur le trône de Naples.

« Je me livre à ces particularités, M. Macéroni, parce que c'est à vous que j'écris. Votre conduite à mon égard, votre réputation et votre nom, vous ont donné des droits à ma franchise et à mon estime. Vous ne pouvez mettre aucun obstacle à mon départ, lors même que vous en auriez le désir : car, lorsqu'on vous remettra cette lettre, j'aurai déjà fait bien du chemin vers ma destination. Ou je réussirai dans mon entreprise, ou je mettrai un terme à mes infortunes en perdant la vie. Mille fois j'ai méprisé la mort en combattant pour ma patrie : ne me serait-il point permis de l'affronter une fois pour moi-même ? Une seule idée peut me faire trembler, c'est le sort de ma famille.

« Je me rappellerai toujours avec plaisir la noblesse et la délicatesse que vous avez mises en remplissant votre mission auprès de moi. Quel contraste entre vos procédés et ceux de tant de gens qui n'avaient ni vos pouvoirs, ni votre considération publique !

« J'ai ordonné que vos papiers vous soient rendus.

« Sur ce, M. Macéroni, je prie Dieu, etc.

« *Signé*, JOACHIM. »

Le roi lut à M. Macéroni cette lettre avant de l'expédier : des larmes de tendresse coulaient sur les joues de M. Macéroni. Il tenta encore de faire changer la détermination de Joachim ; mais les conseils de la prudence n'avaient plus aucun empire sur un homme aussi résolu que Murat. M. Macéroni le quitta enfin pour la dernière fois.

Le nombre de bâtimens de transport réunis à Ajaccio était de sept : ils contenaient deux cent cinquante hommes des plus braves et des plus résolus de l'île. A une heure après minuit, un coup de canon fut le signal du départ : Joachim s'embarqua, et les voiles furent aussitôt déployées. J'ai déjà dit que la garnison de la citadelle d'Ajaccio s'était déclarée pour l'ex-roi : elle donnait de graves inquiétudes au commandant, car on entendait souvent dire aux soldats que le premier qui oserait tirer sur les gens de Murat recevrait une décharge dans les épaules. Mais, dès l'instant que Joachim fut parti, le commandant dit à sa troupe qu'il était temps de penser à se mettre à l'abri des soupçons du gouvernement : en conséquence, on chargea les canons à boulet et à mitraille, et l'on fit semblant de tirer sur la petite flotte qui était déjà hors de portée.

Sur la route d'Ajaccio à Bastia est un défilé étroit qui peut être considéré comme les Thermopyles entre la Corse méridionale et la Corse septentrionale. Joachim avait ordonné à ses partisans de l'occuper, et d'empêcher qui que ce fût de le traverser pendant les trente premières heures de son départ de l'île. M. Macéroni même ne fut point exempté de cette consigne. Par ce moyen, le capitaine Bastard ne fut informé du départ de Joachim que quarante heures après. Il mit à la voile en toute hâte ; mais sa frégate ne put atteindre l'expédition, qui avait une trop grande avance sur elle.

Ainsi Joachim, plein d'ardeur et d'espoir, croyait courir après le trône, et il courait vers sa tombe !

Pendant que l'ex-roi de Naples vogue paisiblement sur sa petite flotte, qu'il me soit permis de faire une digression : je n'en traiterai pas moins de l'histoire, puisque je vais chercher la cause des événemens que je raconte.

J'ai entendu souvent demander comment

Joachim avait pu s'aventurer, avec d'aussi faibles moyens, dans une entreprise que le moindre obstacle pouvait faire échouer, et qui, dans
ce cas, devait lui coûter la vie, ou, au moins,
la perte de sa liberté.

Cette question est un problème que les mal-
veillans croient avoir résolu depuis long-temps.
Ces gens-là expliquent toujours les phéno-
mènes qui sont au-dessus de leur intelligence
au moyen de quelques formules bannales : *la
trahison*, *l'ambition*, *la cupidité*, sont les
grands mots dont ils se servent habituellement.
C'est ainsi que la malveillance assurait que les
anciens amis de Murat, nouvellement esclaves
d'une nouvelle politique, par ambition et par
avarice, s'étaient concertés avec les ministres
de Naples pour rappeler l'ex-roi et lui préparer
son tombeau. Elle disait que plusieurs lettres
lui avaient été adressées pour le tromper sur le
mécontentement qui régnait dans le royaume,
et pour lui donner la certitude qu'il en était
l'objet ; qu'on lui avait également écrit que le
général Carascosa commandait une division à
l'extrémité de la Calabre ; que les peuples s'é-
taient insurgés, et se battaient contre les par-

tisans du nouveau gouvernement ; que toute
la troupe était pour lui , et mille autres mensonges fallacieux et excitatifs. On ajoutait ,
enfin , que le nègre du roi , Othello , porteur
de ses réponses, avait été arrêté par la police ,
qui s'était emparé de ses lettres , et l'avait
mis en prison au secret.

Ainsi donc , s'il fallait en croire des discours
insensés , le gouvernement désirait que Joachim vînt dans le royaume , afin de pouvoir se
débarrasser de lui ; le gouvernement lui aurait
tendu un piége de concert avec les généraux et
les grands de la cour , et tous ces personnages
se seraient réunis pour attirer au village du
Pizzo ce prince infortuné. Telles étaient et
telles sont encore les insinuations inconsidé-
rées des gens toujours prêts à trancher les nœuds
qu'il ne leur est pas permis de dénouer.

Peut-on raisonnablement admettre ces fa-
bles absurdes ? Peut-on croire un instant que
les ministres aient souhaité le débarquement
de Joachim ? eux qui tremblaient de frayeur
pendant qu'il était dans les prisons du Pizzo !
eux qui le craignaient comme des enfans crai-
gnent l'apparition des fantômes ! Quelque

faibles que fussent les moyens de Joachim ,
quel est celui des membres du gouvernement
qui pouvait être rassuré sur l'issue de cette entreprise , si l'ex-roi avait pu aborder le sol napolitain avec les deux cent cinquante hommes
qui étaient partis de la Corse avec lui ? Et s'il
avait été secondé par la population du Pizzo !...
Et s'il était arrivé jusqu'à Monteleone !.... Et
si, par des offres et des espérances, il avait pu
réunir des hommes armés autour de lui !....
Et s'il avait rencontré quelques-uns des ba-
taillons qu'il avait si vaillamment commandés
dans les combats !.... Aurait-il été arrêté aussi
aisément qu'il le fut ? Aurait-on pu l'emprisonner , et lui donner la mort avec autant de
facilité ? Beaucoup de sang aurait été répandu
avant qu'on se fût rendu maître de sa personne
et de ses partisans. Et quel est le ministre qui
aurait osé conseiller à son roi d'affronter tant
de périls ? Je n'en vois aucun parmi ceux qui
composaient le ministère de 1815 ; un projet
aussi téméraire ne pouvait pas même germer
dans l'imagination la plus ardente et la plus intrépide de l'espèce humaine, celle de Napoléon.

Les ministres furent tellement alarmés en

apprenant l'arrivée de Joachim , qu'ils n'osè-
rent pas rendre cette nouvelle publique ; et cependant ils connurent en même temps et son
débarquement et son arrestation. Le plus grand
secret entourait le ministère ; les ordres et les
avis volaient de télégraphe en télégraphe. Un
des ministres avait déjà proposé de faire arrêter les muratistes les plus distingués. Il n'est
donc nullement probable que ceux qui craignaient autant le lion enchaîné et moribond
voulussent l'appeler et le combattre pendant
qu'il était libre et plein de vigueur.

Le rapport du ministre au roi , rempli de
jactance et de fausse pompe de police , ne fut
donné au public que le 19 octobre, c'est-à-dire
six jours après l'exécution du malheureux
Joachim ; son débarquement et sa mort furent
connus en même temps, et ni avant, ni depuis,
il ne fut plus question de lui. Il n'est donc pas
juste d'accorder au ministère la gloire d'*un
coup d'état,* ni la perfidie d'une haute trahison.

Après avoir combattu les impostures répan-
dues sur le compte des ministres , il me reste à
examiner si les courtisans et les généraux désignés par la malveillance comme les agens des

manœuvres ministérielles n'ont pas été accusés aussi légèrement que les premiers. Puisque je viens de prouver que le ministère n'a point attiré Joachim dans le royaume de Naples, cette seconde accusation tombe d'elle-même ; mais j'admets le contraire, et je vais examiner la prétendue correspondance qui a dû attirer Joachim dans le piége supposé.

Il faut d'abord remarquer que, dans le mois de mai 1815, plusieurs hommes d'état et plusieurs généraux quittèrent le royaume de Naples, et que, parmi ceux qui y restèrent, il n'y en avait pas beaucoup qui fussent dans la position de pouvoir écrire à Joachim, et de mériter sa confiance. Quelque facilité qu'il eût à croire les bonnes nouvelles, le courtisan qui lui avait montré de la froideur pendant les dernières périodes de son règne, et le général qui avait mal servi dans la dernière campagne, n'avaient plus le droit de lui inspirer de la confiance, et de lui faire prendre une résolution aussi hasardeuse. Quelques-uns seulement pouvaient le tromper ; et on doit les chercher plutôt dans l'armée que parmi les courtisans.

Rendons justice à la logique de la malveillanée. Après avoir rassasié sa bile en embrassant toutes les versions possibles , elle fixa ses sombres regards sur quelques personnages : c'étaient précisément les plus élevés en grade et les plus renommés dans l'armée.

Une pareille perfidie de leur part devait avoir un motif. Honneur, réputation, reconnaissance, et tout autre sentiment noble, était foulé aux pieds ; il n'y avait plus pour eux ni gloire passée ni espérances futures : un acte d'infamie aurait tout détruit. Quel pouvait être le fruit de tant de sacrifices ?

Les généraux, disaient les calomniateurs, voulaient être conservés dans leurs postes éminens. Mais ne l'étaient-ils pas par la convention de Casalanza ? et un traité solennel n'offrait-il pas plus de garantie qu'une obscure trahison ?

Les généraux attendaient de l'avancement. Quel avancement pouvaient espérer des hommes arrivés aux premiers grades militaires ? Et quel est celui des généraux de Joachim qui ait eu de l'avancement, ou un emploi équivalent, depuis 1815 ? C'est précisément après la catastrophe du Pizzo que les généraux napolitains furent tous mis à la queue de leurs classes, parce qu'on voulut favoriser les généraux venus de la Sicile ; et c'est à la même époque que le système d'organisation   de réorganisation de l'armée réduisit leur solde au minimum.

Ils espéraient de grandes récompenses pécuniaires. C'est encore dans ce même temps, en octobre 1815, que le gouvernement perfectionna le système des restitutions de baronies et des dons de Joachim, système qui atteignit tous les généraux accusés.

Ce fut donc par faiblesse, ajoutait la malveillance. Non, car ceux que l'on accusait ne connurent jamais la crainte : l'Europe entière peut l'attester.

Ce fut dans l'espoir d'obtenir la faveur du roi. Cent fois ces mêmes généraux avaient été en faveur ou en disgrâce ; l'expérience leur avait démontré l'inconstance de cette faveur, et ils l'appréciaient à sa juste valeur.

Ainsi donc toutes ces suppositions n'étaient que des calomnies, méprisées par ceux que les calomniateurs voulaient atteindre.

Pour juger des hommes tels que ceux que l'on accusait de cette basse trahison, il faut

rechercher dans leur conduite ce qu’ils ont été
pendant les circonstances difficiles, et des circonstances de ce genre s’offrirent en grand
nombre dans le cours des vingt dernières années.

Celui qui fut à ses devoirs pendant les années 1796 et 1797, qui sut résister à l’insidieux
Vanni et aux caresses fallacieuses de la reine ;
celui qui fut à ses devoirs pendant la guerre
de 1798, et pendant le cours des embarras de
la république napolitaine ; celui qui ne manqua jamais à ce qu’il devait à son honneur
en 1799, lorsque la vertu était punie et la perfidie récompensée ; qui n’y manqua pas dans les
vicissitudes de 1805, ni dans les incertitudes
de 1814, ni dans le renversement du gouvernement en 1815 ; celui qui resta inébranlable dans
le sentier de l’honneur pendant toutes ces se-
cousses politiques, ne peut être soupçonné
d’avoir voulu se couvrir d’infamie, ni par des
offres, ni par des menaces, ni par la crainte,
ni par l’espérance.

L’épisode du nègre Othello offensait le bon
sens ; et cependant beaucoup de gens crédules
y ajoutèrent foi. Il aurait été plus difficile de

reconnaître Joachim qu'Othello, qui se donnait en spectacle avec son remarquable costume de mameluck, soit dans les fêtes publiques, soit dans les promenades ou dans les voyages de son roi. Il attirait tellement les regards, qu'il n'y avait personne à Naples qui ne le connût. Et l'on ose dire que cet homme fut choisi par Joachim pour être l'émissaire secret de cette périlleuse correspondance! Et l'on trouve des gens qui le croient!

Othello vint à Naples, parce qu'il y était marié. Des ministres timides et soupçonneux le firent emprisonner, sans que l'on ait pu savoir quel a été son sort. Ce secret, digne du Saint-Office, et si cher à la politique de ce ministère, semblait venir à l'appui de l'opinion émise sur ce prétendu messager; et cependant rien n'était plus faux que l'existence de cette correspondance supposée.

Ainsi donc le problème n'est pas résolu, et l'on demandera encore pourquoi Joachim se jeta si inconsidérément dans le royaume de Naples.

L'idée de cette entreprise hardie lui vint lorsque sa position désespérée lui suggérait des projets de désespéré. Joachim avait été élevé dans la prospérité ; la fortune lui avait souri pendant vingt ans ; il était l'Achille de l'armée française, et, comme lui, brave, généreux et invulnérable. Toujours dans les périls, il n'y avait point de périls pour lui ; courant au-devant de la mort, il était toujours respecté par elle ; ses ennemis même l'aimaient ; et l'empereur de Russie, le voyant constamment aux premières files de l'avant-garde, avait ordonné à ses troupes de ne point tirer sur le roi de Naples. Un état heureux et prospère était son état ordinaire ; l'infortune n'était pour lui qu'un court épisode de sa vie. Joachim croyait fermement à la fatalité. Moi-même je l'ai entendu répondre plusieurs fois aux importuns qui lui conseillaient d'éviter les dangers auxquels il s'exposait dans tous les combats : *La balle qui doit me tuer n'est point encore préparée.*

Et cependant cet homme intrépide aurait accepté le passe-port autrichien, s'il lui était parvenu au moment où l'adversité l'accablait dans les environs de Toulon ; et il aurait ajourné à d'autres temps ses projets sur Naples. Vouloir le retenir prisonnier en Autriche eût été chose impossible ; l'indocilité et l'audace de son caractère ne pouvaient s'enchaîner. Napoléon était au-dessus de Murat autant que le soleil est au-dessus d'un météore ; mais Murat prisonnier à Ste-Hélène aurait déjà fui ou serait mort. Ce passe-port lui parvint en Corse , où il avait repris la représentation d'un roi et les habitudes de la prospérité. Les vicissitudes de Toulon étaient oubliées : partout où il se présentait dans l'île de Corse, partout il était accueilli et fêté. Il crut voir , dans les dispositions des habitans de cette île , les préludes de l'accueil qui l'attendait à Naples. Il avait des hommes et des bâtimens prêts, il voulut en profiter.

Joachim aimait à croire que , si la mort l'épargnait dans son entreprise , et qu'elle n'eût point réussi , il n'aurait été que simple prisonnier de guerre. C'est en pensant ainsi qu'il répondit à un colonel de l'expédition , qui lui parlait de la hardiesse de son projet : « La « mort est habituée à me respecter dans la « guerre. Si la fortune me trahit, je serai pri- « sonnier, mais je ne serai point prisonnier

« volontairement, comme je l'aurais été en
« acceptant le passe-port de l'Autriche. Un trai-
« tement plus sévère à mon égard serait non
« seulement injuste, mais aussi contraire aux
« droits des gens. Bonaparte avait abdiqué
« le trône de France : il retourna s'y pla-
« cer par les mêmes moyens que je vais em-
« ployer. Il fut malheureux à Waterloo : il
« est prisonnier. Je n'ai point abdiqué : j'ai le
« droit de reconquérir mon royaume. Si j'é-
« tais pris, je serais prisonnier de guerre, et
« Ste-Hélène serait une punition trop forte
« pour moi..... Mais rassurez-vous, Naples
« sera notre Ste-Hélène. »

Telles furent les espérances de Joachim,
voilà quels étaient ses raisonnemens. Son caractère, son bonheur habituel, son aversion
pour la captivité et pour la vie obscure et pri-
vée ; le besoin de régner, besoin impérieux
chez les hommes qui ont régné, et surtout chez
les hommes dont l'esprit est moins fort que la
volonté......... voilà les causes de sa fatale
détermination. Celui qui a bien connu Murat
n'ira point chercher d'autres motifs pour ré-
soudre le problème.

Je reprends maintenant le fil des événemens.

Pendant quelques jours le temps fut favorable, et la mer semblait sourire aux projets
de Joachim. Déjà la petite flotte avait fait les
trois quarts de la route, et l'on se flattait d'arriver bientôt au lieu désigné pour le débarquement, lorsqu'il survint une tempête qui
ballota tous les bâtimens de la division. Chacun d'eux dut se livrer à la merci des vents ;
ils se dispersèrent pendant la nuit, et ne purent plus se retrouver.

Joachim avait projeté de débarquer aux environs de Salerne ; il voulait d'abord occuper
cette ville, et réunir sous ses drapeaux les nombreux dépôts d'officiers et de soldats de son an-
cienne armée, qui s'y réorganisaient ; continuer ensuite sa marche sur Avellino sans le
moindre retard ; briser les télégraphes qu'il aurait rencontrés ; organiser des soldats et des
partisans ; parcourir ainsi la plus grande partie des provinces du royaume sans s'arrêter
nulle part ; gagner, par la célérité de ses manœuvres, trois ou quatre journées de marche
sur les Autrichiens qui auraient pu le suivre ;

et se présenter devant Naples dès que le nombre de ses troupes et de ses partisans aurait pu imposer à cette ville, et que la nouvelle de son débarquement et de ses succès aurait troublé le moral du peuple, des ministres et du gouvernement.

Ce beau projet fut détruit par le souffle de l'aquilon, qui dispersa sa flottille. A l'aurore du 8 octobre, Joachim, séparé de ses compagnons, se trouvait dans le golfe de Sainte-Euphémie; une seule de ses barques l'avait rejoint. Attendre les autres ou aller à leur rencontre aurait été également imprudent et dangereux. Il fallait prendre une prompte détermination. La Calabre était devant lui : l'histoire romanesque de cette contrée se présenta à l'imagination de Joachim, et il ordonna de faire voile vers le village du Pizzo. A onze heures du matin de ce même jour 8 octobre, l'ex-roi de Naples, accompagné seulement de trente officiers ou soldats de son expédition, débarqua sur la plage du Pizzo, et se dirigea aussitôt sur ce village. Chacun de ses compagnons ne cessait de crier *vive le roi Joachim!* et lui-même leur en donnait exemple. Quelques paysans qu'ils rencontrèrent en route se joignirent à l'ex-roi.

Le 8 octobre était un dimanche; et, selon l'usage, les légionnaires de la commune se trouvaient à cette même heure réunis sur la place de Pizzo pour s'exercer au maniement des armes. Joachim crut que cette circonstance lui serait favorable: il s'approcha, et sa troupe, ayant déployé son drapeau, cria de nouveau *vive le roi Joachim!* Un seul paysan le répéta; les légionnaires restèrent muets et froids. Ils l'avaient néanmoins reconnu; mais l'audace de son entreprise les rendit circonspects. Joachim, ne pouvant s'arrêter au Pizzo, continua sa marche vers Monteleone, alors capitale de la province. La grande route du Pizzo à Montéléone est pénible à faire, à cause des hautes collines qu'il faut traverser à force de contours, et qui la rendent accidentellement fort longue. A peine Joachim et sa troupe furent sortis du Pizzo, qu'un agent du duc de l'Infantado, et un capitaine de gendarmerie nommé Trentacapilli, réunirent leurs adhérens, enflammèrent le peuple qui s'était assemblé dans les rues, et l'engagèrent à s'armer contre l'ennemi du roi légitime. Le Pizzo avait été appauvri, sous le roi Joachim, par la stagnation du commerce, et ses habitans avaient eu lieu de se plaindre des agens de la police. L'entreprise de l'ex-roi ne paraissait nullement devoir être heureuse : aussi presque tous les Pizzois s'armèrent en un instant. Ils courent lui fermer le passage par des sentiers connus d'eux seuls, le suivent et le précèdent sur la grande route, et le placent entre deux feux. Le malheureux Joachim s'avance intrépidement vers eux, malgré les balles qu'ils font pleuvoir près de lui ; il les appelle, les salue, mais ils ne répondent que par de nouvelles décharges de leurs armes. Le capitaine Moltedo fut tué, le lieutenant Pernice blessé ; et cependant les compagnons de l'ex-roi n'avaient pas tiré un seul coup de fusil contre ceux qui ne cessaient de les harceler : Joachim l'avait défendu.

Le moment était critique ; l'ex-roi voit sa perte assurée : la mer seule pouvait encore le sauver. Il s'élance de précipice en précipice ; il vole, il arrive sur la plage. Hélas ! ses deux bâtimens avaient gagné le large, et semblaient rester spectateurs indifférens des dangers du roi (1). Un seul bateau pêcheur était sur le sable : Joachim croit pouvoir le lancer à la mer ; il s'épuise en vains efforts, il ne peut le faire changer de place. Il l'aurait pu, lorsqu'il fut rejoint par quelques-uns de ses compagnons ; mais déjà la populace furieuse les avait entourés : le roi et tous ceux de sa suite furent pris et désarmés.

Ici ma plume se refuse à retracer toute la cruauté de ce peuple. Je laisse à d'autres le soin de raconter tous les outrages, toutes les insultes faites par les misérables habitans du Pizzo à celui que la victoire avait couronné cent fois, à celui qu'aucun d'eux n'aurait osé regarder en face quelques instans auparavant !.....

---

(1) Le nommé Barbara, Maltais d'origine, commandait les deux bâtimens venus de Corse. Cet homme, autrefois corsaire, avait été nommé par Joachim officier de la marine de Naples, chevalier, baron, et capitaine de frégate ; mais il n'oublia jamais la bassesse et l'infamie de son premier métier. Voyant son roi, son bienfaiteur combattu, il prévit sa perte, et l'abandonna lâchement, afin de pouvoir s'emparer de ses riches dépouilles.

Les prisonniers furent traînés au château du Pizzo.

Il n'y avait au Pizzo aucune troupe de ligne; les seules qui se trouvaient dans les environs étaient à Monteleone, place ordinaire de la garnison. On ne remarquait, dans toute la Calabre, aucun préparatif ni aucune précaution, lorsqu'on vint apprendre à l'intendant l'arrestation de l'ex-roi Joachim. Ni l'intendant, ni le général Nunziante, n'ajoutèrent d'abord aucune foi à cette nouvelle ; le gouvernement même ne voulut pas croire au premier avis télégraphique qui lui en fut donné. C'est ainsi que la police savait tout, suivait Joachim de pas en pas, et l'attendait au Pizzo ! ! ! Un ministre d'un talent peu commun, porteur d'un nom historique et révéré parmi les Napolitains, voulut changer sa véritable gloire contre l'obscure vanité d'un préfet de police, en attribuant à sa prévoyance ce qui n'était que l'effet du hasard.

A peine ce qui se passait au Pizzo fut connu, que le capitaine Stratti y arriva de Monteleone avec quarante hommes d'infanterie. Il se dirigea vers le château, où il eut beaucoup de peine à

chasser la populace, qui semblait l'assiéger pour
invectiver les prisonniers. Stratti les fit respecter, et s'empressa de prendre la liste de leurs
noms. Joachim fut le troisième qu'il interro-
gea. Dès qu'il se fut nommé, le capitaine s'arrêta, le salua respectueusement, en lui donnant
le titre de majesté, et l'introduisit dans une
chambre séparée. Quelque temps après, le général Nunziante arriva, se rendit au château;
et, après avoir salué l'ex-roi avec un silence
qui exprimait le respect et la peine, il l'inter-
rogea sur le fait de son débarquement. Joachim
lui répondit qu'il « se rendait de Corse à Trieste,
en vertu d'un passe-port qui lui avait été accordé par l'empereur d'Autriche ; mais qu'ayant
été ballotté pendant plusieurs jours par la tempête, le besoin de vivres l'avait forcé à aborder
sur la plage du Pizzo. » Le général Nunziante
lui ayant adressé d'autres questions, Joachim
répondit avec quelque vivacité, ce qui mit
momentanément un terme aux questions du
général. Il ne parla plus alors à l'ex-roi que de
sa fatigue, lui offrit d'autres habits, lui pro-
digua ses soins et ne cessa de l'honorer. Le
général Nunziante, dans la plus désagréable de

toutes les situations où un homme public puisse jamais se trouver, sut allier à son devoir le respect dû à un roi devenu malheureux. Ferdinand lui a accordé le titre de marquis, lui a donné de larges pensions, l'a désigné pour avoir de l'avancement ; et cependant les mânes de Joachim ne sauraient l'accuser.

Après avoir reçu les soins du général, le prisonnier se calma, et dormit long-temps du sommeil le plus tranquille. Le lendemain, il reprit ses manières et ses habitudes, et la jovialité de son caractère reparut sur son visage. Il conversait fréquemment avec le capitaine Stratti, qui le gardait ; il parlait de son royaume, de son armée, de sa dernière campagne. Il louait quelques uns de ses généraux, et en blâmait quelques autres : et ceux qu'il louait étaient précisément les mêmes que les calomniateurs accusaient de trahison. Joachim ne craignait point l'avenir ; sa détention dans les états autrichiens était le *nec plus ultra* des mauvais traitemens qu'il redoutait. La veille même de sa mort, il prévoyait la possibilité d'un accommodement, en *renonçant, en faveur de son cousin Ferdinand, à la seconde*

Sicile, et en gardant pour lui le royaume de Naples. Voilà Joachim !

Le prisonnier du Pizzo était tranquille et serein dans sa prison ; mais le ministère à Naples ne l'était pas. Il fluctuait entre mille idées diverses, quoiqu'il n'y eût qu'une seule résolution. On fit part de la victoire du Pizzo à tous les ministres étrangers ; le conseil des ministres du roi fut en permanence : on y décida que le malheureux Joachim serait fusillé !

Je ne me permettrai point d'examiner cette fatale décision, parce qu'il ne m'appartient pas de quitter le caractère d'historien pour prendre celui de critique : cette question ne demande pas d'ailleurs un profond examen, chacun l'a déjà jugée. Je dirai seulement que le ministère, tout en croyant raffermir les trônes légitimes par cet exemple terrible, les a tous ébranlés. . . . .
. . . .
. . . .
. . . .
. . . .
. . . . Celui qui avilit un monarque ravale la monarchie : Joachim fut roi, même

pour tous ceux qui aujourd'hui le nient pompeusemeut.

Il est notoire que l'on ne parla jamais au bon roi Ferdinand de faire mourir Joachim ; il l'est même qu'il résista long-temps à ordonner sa mise en jugement ; il ne céda aux instances qui lui furent faites que parce qu'on lui représenta que ce jugement était un acte de justice indépendant de la volonté du souverain.

L'ordre transmis au général Nunziante , par le télégraphe et par des estaffettes , portait que Murat serait jugé par une commission militaire comme *ennemi public.*

Le ciel était couvert, la route était longue ; on dut répéter plusieurs fois cet ordre , que les télégraphes ne transmettaient au général Nunziante que très-confusément : et le signe d'intelligence que l'on attendait si ardemment à Naples n'y arrivait point ; on y était dans la plus pénible anxiété.

Le 12 octobre, on expédia au Pizzo le prince de Canosa : il suffisait de connaître le nom du messager pour deviner la nature des ordres qu'il portait ; mais il apprit à Castrovillari ,

par une dépêche télégraphique, la mort de
Joachim, et s'en retourna à Naples.

Dans la nuit du 12 au 13 octobre, le courrier expédié le 10 arriva au Pizzo, et remit au
général Nunziante le fatal commandement. Les
sept juges qui devaient composer la commission furent désignés dans la nuit même. Le
président et les deux officiers du plus haut
grade étaient muratistes, c'est-à-dire comblés
de bienfaits et d'honneurs par Murat; le pro-
cureur général l'était aussi. Infâmes! je tais
vos noms! ma plume ne voudrait pas les tra-
cer. Mais vous appartenez à l'inflexible histoire, et vous ne pouvez plus vous soustraire à la
malédiction des siècles!

Toute la peine qu'ils pouvaient encourir, en
refusant sans motif de faire partie de cette
commission, aurait été la perte de leurs em-
plois et un emprisonnement de trois mois. A
quel vil prix ces misérable pouvaient acheter
une honorable célébrité......! Ils acceptèrent
tous....

Joachim, ignorant sa destinée, était encore
livré au sommeil, et déjà la commission qui
devait le condamner était assemblée dans une

autre chambre du château. Il dormait paisiblement, et c'était pour la dernière fois ! Le général Nunziante chargea le capitaine Stratti,
dès l'aurore du 13 octobre, d'aller apprendre
à Joachim qu'il allait être jugé. Stratti sut allier dans cette douloureuse mission tout ce que
la pitié et le respect dus au malheur exigeaient.
Il attendit le réveil de Joachim, et préluda
long-temps par des paroles de consolation.
Mais à peine il lui eût appris l'arrivée de l'ordre
qui devait le mettre en jugement comme ennemi et perturbateur de la tranquillité publique, que Joachim l'interrompit en lui disant :
« Mon cher Stratti, je suis perdu ; l'ordre de
me juger est un ordre de mort. » La douleur
l'empêcha de continuer ; quelques larmes cou-
lèrent de ses yeux, mais il les essuya bientôt,
et demanda s'il lui était permis d'écrire à sa famille. Le capitaine, trop affecté lui-même, ne
lui répondit que par un signe affirmatif ; et
aussitôt Joachim traça d'une main assurée la
lettre suivante :

« Ma chère Caroline, ma dernière heure est
arrivée. Dans quelques instans j'aurai cessé de
vivre, dans quelques instans tu n'auras plus

d'époux. Ne m'oublie jamais : je meurs inno-
cent. Ma vie ne fut tachée d'aucune injustice.
Adieu, mon Achille ; adieu, ma Létitia ; adieu,
mon Lucien ; adieu, ma Louise : montrez-vous
au monde dignes de moi. Je vous laisse sans
royaume et sans biens , au milieu de mes nombreux ennemis.... Soyez constamment unis ;
montrez-vous supérieurs à l'infortune ; pensez
à ce que vous êtes et à ce que vous avez été , et
Dieu vous bénira. Ne maudissez point ma mémoire. Sachez que ma plus grande peine , dans
les derniers momens de ma vie , est de mourir
loin de mes enfans. Recevez la bénédiction pa-
ternelle ; recevez mes embrassemens et mes larmes. Ayez toujours présent à votre mémoire
votre malheureux père.

« Pizzo, 13 octobre 1815. »

Après avoir fini d'écrire , il coupa quelques
boucles de ses cheveux , et les ayant envelop-
pées dans la lettre , il la remit sans être cache-
tée à M. Stratti.

Le capitaine Starace fut nommé d'office pour
remplir les fonctions d'avocat de Joachim auprès de la commission militaire : il se présenta

devant l'ex-roi, et lui fit connaître en pleurant le triste devoir qu'on lui avait imposé. Je dois défendre V. M., ajouta-t-il, et devant quels juges !

« Ils ne sont point mes juges, répondit aussitôt Joachim : ils sont mes sujets, et il ne leur est point permis de juger leur souverain, de même qu'il n'est point permis à un roi de juger un autre roi, parce que nul ne peut avoir de l'empire sur son égal. Les souverains n'ont point d'autres juges que Dieu et les peuples.

« Si l'on me considère comme un maréchal de France, un conseil de maréchaux peut seul me juger ; si l'on ne me regarde que comme un simple général, un conseil de généraux est nécessaire. Pour que je descende au niveau des juges qui viennent d'être nommés, il faudrait déchirer trop de pages de l'histoire de l'Europe. Un tel tribunal est incompétent : j'aurais honte de me présenter devant lui. »

C'est en vain que les capitaines Starace et Stratti voulurent le calmer, afin d'écrire quelques lignes pour sa défense ; il répétait toujours : « Vous ne pourrez pas me sauver la vie, aissez-moi sauver la dignité royale. Il ne s'agit point ici de jugement, mais de condamnation. Ceux qui composent la commission ne sont pas mes juges, ils sont mes bourreaux. M. Starace, vous ne parlerez point en ma défense; je vous l'ordonne. »

Quelques instans après, le rapporteur de la commission vint trouver Joachim, dans l'intention de l'interroger; et, suivant l'usage, il lui demanda ses noms, son âge, sa patrie; il allait continuer, lorsque le prisonnier l'interrompit en lui disant : *Je suis Joachim Napolon, roi des Deux-Siciles : partez Monsieur.*

Resté seul, il se promena long-temps dans sa prison, la tête inclinée sur sa poitrine, et paraissant accablé par les plus tristes pensées. Le capitaine Stratti vint l'y trouver; mais, en le voyant dans cet état, il n'osait lui parler. Joachim le prévint en lui disant : « Le Pizzo est aujourd'hui dans l'allégresse que lui cause mon infortune : eh ! qu'ai-je donc fait aux Napolitains pour qu'ils soient mes ennemis ? J'ai dépensé pour eux tout ce que j'avais, au détriment de famille; tout ce qu'il y a d'utile et de *libéral* dans leur code est mon ouvrage; j'ai mis l'armée en réputation, et la nation au rang des puissances de l'Europe. J'ai préféré les Napolitains aux Français qui m'ont placé sur ce trône, d'où je descends sans crainte et sans remords. La tragédie du duc d'Enghien, que le roi Ferdinand paraît vouloir venger par une autre tragédie semblable, me fut étrangère : j'en atteste en témoignage ce Dieu qui doit me juger bientôt. » Et après quelques instans il ajouta : « Capitaine Stratti, il est temps de nous séparer ; je sens le besoin d'être seul. Je vous remercie des soins que vous m'avez donnés pendant ces jours. Dans l'état où je me trouve réduit, je ne puis attester ma reconnaissance qu'en publiant les obligations que je vous ai. Faites que ma famille reçoive ma dernière lettre, et soyez heureux. »

Aussitôt que la commission militaire fut nommée, on choisit un prêtre pour assister Joachim dans ses derniers actes religieux. Ce choix tomba sur le chanoine Masdea, septuagénaire, l'ecclésiastique le plus estimé parmi ceux du Pizzo, ce qui, soit dit en passant, n'est pas un grand éloge. Ce chanoine était tellement certain que son ex-roi serait condamné à mort, que, long-temps avant le prononcé de la sentence, il se rendit au château, et demanda à être admis auprès du prisonnier. « Sire, lui dit-il, c'est pour la seconde fois que je me présente devant vous : lorsque V. M. vint au Pizzo, je lui demandai une somme pour achever la cathédrale, et elle daigna m'accorder beaucoup plus que je n'osais espérer. Puisque V. M. a bien voulu entendre ma voix dans cette occasion, j'aime à me persuader qu'elle ne rejettera pas aujourd'hui mes exhortations, qui tendent à assurer l'éternel repos de son âme. » Joachim accueillit ce prêtre avec une résignation religieuse, et remplit les actes d'un bon chrétien. Il en fit même un edéclaration par écrit, sur la demande du chanoine. Cette déclaration était ainsi conçue : *Je déclare mourir en bon chrétien. J. N.*

En ce moment, et non loin du lieu où se passait cette scène attendrissante, dans une autre chambre du château, la commission militaire exerçait ses terribles pouvoirs. L'avis des juges fut unanime, et vers le soir du même jour on publia la sentence suivante :

SENTENCE.

« La commission militaire, etc.;

« Réunie à dix heures du matin du jour treize de ce mois d'octobre de l'an mil huit cent quinze, dans le château du Pizzo, pour y juger le général français Joachim Murat, comme *ennemi public;*

« Après avoir pris connaissance des pièces produites au procès,

« Et après avoir entendu

« Les témoins en séance publique,

« Le rapporteur dans ses conclusions;

« M. Joseph Starace, faisant fonctions de sous-directeur d'artillerie dans les Calabres, avocat nommé d'office pour défendre l'accusé, lequel a déclaré qu'il ne lui restait rien à ajouter;

« Le procureur-général, dans son avis;

« Réunie en secret pour délibérer;

« Le président a posé la première question :

« *Le général français Joachim Murat est-il ennemi public?*

« Considérant que la lecture des actes, l'examen des témoins, et le résultat de la discussion, ont donné lieu à établir le fait suivant :

FAIT.

« Vers les dix heures du matin du dimanche 8 du courant mois d'octobre, deux bâtimens s'approchèrent du rivage de cette commune du Pizzo, desquels débarquèrent avec la rapidité de l'éclair, et avec une évidente infraction des lois sanitaires, trente personnes presque toutes armées de fusils et de pistolets. Des cris de *vice le roi Joachim!* partaient de leurs rangs, et l'une de ces personnes, qui fut ensuite reconnue pour être Joachim Murat, proférait le même cri, se proclamant ainsi lui-même, et excitant les autres. Il se montrait partout, sur la plage, sur la route et sur la place du Pizzo, afin d'être reconnu. Lorsqu'ils furent tous arrivés au Pizzo, sans avoir discontinué leurs cris, Murat s'adressa à quelques légionnaires pour qu'ils fissent battre la générale, et que tout le monde se réunît à lui pour aller arracher le drapeau royal qui flottait sur le fort, et y substituer celui qu'il avait avec lui. Il annonçait à tout le monde qu'il venait réoccuper son royaume, et que ce n'était plus à S. M. Ferdinand IV, mais bien à lui, que l'on devait obéissance.

« Les efforts de Murat et de ses compagnons ne purent séduire personne, et les habitans s'armèrent et se réunirent aux légionnaires pour s'emparer des hauteurs, et s'opposer ainsi par la force aux démarches ultérieures que Murat aurait pu tenter. Lorsqu'il s'aperçut des dispositions du peuple, il s'empressa de se diriger avec sa troupe sur la route supérieure; mais à peine eut-il dépassé les habitations que des coups de fusils tirés de la partie qui dominait cette route l'obligèrent à changer d'avis et à se rendre en toute hâte au bord de la mer, dans l'intention de se rembarquer avec ceux de sa suite qui purent le suivre, les autres s'étant cachés dans les vallons. Quoique attaqué de tous les côtés, il parvint au rivage; mais il n'y trouva plus les moyens de salut qu'il y avait laissés, parce ses bâtimens s'étaient éloignés. Ayant aperçu un bateau sur le sable, il essaya vainement de

le lancer à la mer pour se soustraire à ceux qui
le poursuivaient; mais des marins l'en empêchè-
rent, et l'arrêtèrent. Il fut emprisonné aussitôt avec ses compagnons, dont le nombre était
de vingt-huit, tous Corses de naissance, et
tous pris les armes à la main : un d'eux avait
perdu la vie par un coup de fusil.

« Murat a déclaré que, la nuit du 28 septembre dernier, il était parti d'Ajaccio avec
ceux de sa suite pour se rendre à Trieste, et
aller rejoindre sa famille ; qu'assailli et ballotté
par une tempête, et son bâtiment ayant beaucoup souffert, il se trouvait dans la nécessité
d'en changer et de se munir de vivres, ce qui
lui fit prendre la determination de débarquer
sur cette côte.

« Parmi les papiers qui ont été trouvés sur
les prisonniers, on a remarqué deux soi-di-
-sant décrets de Joachim Murat, par lesquels,
sous les dates des 25 et 27 septembre dernier,
s'investissant du titre de roi des Deux-Siciles,
il conférait des grades et des honneurs à Jean
Moltedo et à Pierre Pernice, tous les deux de
sa suite.

« Dans une lettre écrite en date d'hier par

M. l'intendant de Cosente, au général Nunziante, on remarque que, le 7 octobre, Murat avait tenté de débarquer sur les côtes de Sainte-Lucide, et que, poursuivi par la force publique, il avait laissé deux de ses compagnons sur la place.

« Considérant que Joachim Murat, après avoir, par le sort des armes, cessé d'occuper le royaume de Naples, qu'il avait eu par les armes ; après être rentré dans la classe d'homme privé, et égal, devant les lois, à quelque individu que ce soit, et après que le souverain légitime fut remonté sur son trône, débarqua au Pizzo en plein jour, accompagné de quelques hommes armés et proclamant la révolte ;

« Considérant que le besoin de vivres et de changer de bâtiment est démenti par les efforts faits pour révolutionner le pays ; par la tentative de débarquer à Sainte-Lucide le jour précédent ; par le débarquement au Pizzo avec une infraction aux lois sanitaires inexcusable ; par la continuation de la route du bâtiment annoncé comme endommagé, sans qu'il ait été fait aucune demande de vivres : circonstances qui éloignent l'idée d'un besoin réel, et qui

présentant clairement le caractère d'une agression méditée pour troubler l'ordre ;

« Considérant que les lettres écrites par
Murat en forme de décrets, jusqu'à la veille de
son départ d'Ajaccio, prouvent qu'il n'avait
jamais abandonné des projets sur le royaume,
et que, n'ayant point les moyens de détruire
le gouvernement légitime et établi, il cherchait
à organiser la guerre civile, en induisant les
habitans à s'armer pour le soutenir, et en sa-
crifiant à ses criminelles entreprises la sûreté
individuelle des citoyens pacifiques, obéissans
et attachés à leur souverain.

« La commission a déclaré, et déclare à
l'unanimité, que Joachim Murat est coupable
d'avoir tenté de détruire le gouvernement,
d'avoir excité les citoyens à s'armer contre le
roi et l'ordre public, et d'avoir tenté de porter
la révolte dans la commune du Pizzo, pour
l'étendre ensuite dans le royaume : ce qui le
constitue coupable d'attentat contre la sûreté
intérieure de l'Etat et ennemi public.

SECONDE QUESTION.

« *Quelle est la peine applicable à Joachim Murat ?*

« Considérant que la compétence est inaltérablement fixée par le décret du 28 juin 1815, art. 5, ainsi conçu :

« Les commissions militaires seront compétentes pour procéder contre les auteurs des délits suivans, commis depuis le 29 mai 1815 :

« Contre ceux qui sont prévenus d'un des attentats prévus par le paragraphe second, seconde section, chap. I, titre I, livre III du Code pénal, lorsqu'ils sont pris les armes à la main ou en flagrant délit ;

« Contre ceux qui sont pris en flagrant délit, ou presque en flagrant délit, pour des provocations ou des actions commises dans des lieux publics, ayant pour objet d'exciter le peuple à se révolter contre le gouvernement;

« Considérant que les attentats dont Joachim Murat a été déclaré coupable sont prévus par les articles 87 et 91 du Code pénal, ainsi conçus :

« Art. 87. L'attentat ou complot qui aurait pour but de détruire ou de changer le gouvernement, ou l'ordre de successibilité au trône, ou qui tendrait à exciter les citoyens et les habitans à s'armer contre l'autorité royale, sera puni de la peine de mort, avec la confiscation des biens.

« Art. 91. L'attentat ou complot qui aurait pour but d'exciter à la guerre civile, en armant ou induisant les citoyens et les habitans à s'armer les uns contre les autres, ou de porter la dévastation et la guerre dans une ou plusieurs communes, sera puni de mort, avec la confiscation des biens de ceux qui s'en seront rendus coupables.

« La commission a décidé et décide que les dispositions de ces articles sont applicables à Joachim Murat.

« Par ces motifs, à la même unanimité, l'a condamné et condamne à la peine de mort, avec la confiscation de ses biens.

« ORDONNE :

« Que le présent jugement sera exécuté à la diligence du rapporteur, et qu'il en sera imprimé 5oo copies.

« Prononcé à 5 heures après midi desdits jours, mois et an que dessus.

« N... N... N... N... N... N... N....... N... »

Aussitôt que cette sentence fut rédigée, le rapporteur se rendit auprès de Joachim pour lui en faire la lecture. Joachim l'écouta avec sang-froid et dédain. Quelques momens après, on le conduisit dans une autre chambre, où une section de douze hommes d'infanterie était disposée sur deux rangs. Murat ne voulut pas qu'on lui bandât les yeux ; il regarda froidement charger les armes ; et s'étant placé comme pour mieux recevoir les coups, il dit aux soldats : *Sauvez le visage, visez au cœur*. A ces mots on commanda le feu, et l'ex-roi des Deux-Siciles tomba mort, tenant dans ses mains le portrait de sa famille. Son corps fut enterré sans aucune pompe dans cette même église qui avait été relevée par sa munificence.

Sa mort à fait répandre des larmes de pitié partout excepté au Pizzo, et le souvenir de son infortune en fera verser encore à tous ceux qui aiment les braves.